Divine Kanza

Je profère: Judith doit se marier

Divine Kanza

Je profère: Judith doit se marier

Éditions Muse

Cover image: www.ingimage.com

Publisher:
Éditions Muse
is a trademark of
Dodo Books Indian Ocean Ltd., member of the OmniScriptum S.R.L Publishing group
str. A.Russo 15, of. 61, Chisinau-2068, Republic of Moldova Europe
Printed at: see last page
ISBN: 978-3-639-63647-5

Présentation : Divine Kanza, est née en 1984, et habite en Haute-Normandie, elle est éditrice et Journaliste littéraire.

En 2010, elle crée la Lettrine Culture Magazine littéraire, son magazine donne du succès aux auteurs publiés chez Gallimard, Albin Michel, et moyennes maisons d'édition, mais également une réponse aux auteurs inconnus. Largement, devant le Parisien, Le monde, et même devant Tf1, sa revue donne une réponse à tous les auteurs. En 2011, elle crée La lettrine Culture éditions et travaille avec Pollen, Immatériel, Numilog, De marque. Mais elle reste avant tout, une auteure.

Elle écrit tout type de livres quelque soit leur genre littéraire, la culture du pays, leur registre, et a un style complètement cinématographique.

Elle est également proverbiale, et crée ses propres expressions françaises, comme : Eteignez votre feu = Cessez vos querelles.

Toutes les deux minutes l'auteure peut se trouver un proverbe, voire une citation.

Elle traduit également les œuvres des auteurs classiques et contemporaines : Hugo, Lafontaine, Voltaire…

Ses œuvres publiées : Le combat de Sissie en 2010, éditions Terriciae. Plus de 2000 exemplaires vendus.

Une femme battante, en 2011 aux Editions La lettrine Culture.

Points de suture, nouvelle en 2012 aux Editions La lettrine Culture.

**Avant de découvrir sa pièce théâtrale classique, l'auteure vous invite à lire en une page, ses comparaisons de style.*

Regardez bien la différence entre ses deux styles.
Son style contemporain :
Pour mes écrits, l'objectif dont je me suis fixée est l'excellence et c'est à force de travail, qu'on y parvient.
Son style classique :
L'objectif que je me suis fixé pour mes écrits, n'est autre que l'excellence, et la force de mon travail, sans relâche.

OEUVRE THEATRALE CLASSIQUE:

Je profère : Judith doit se marier.

Quatrième de couverture :
Entre une mère sournoise, un frère opportun, un père autoritaire et douteux, Judith est confuse. Le but de Louis, son père : La marier. Oui, telle est sa volonté.
Mais Roméo, le fiancé de Judith est mal vu par la famille, et Louis n'a guère l'air de l'apprécier.
De nombreuses scènes ravageantes et situations s'entre mêlent : *où l'on retrouve l'euphorie et le mal être, la concordance et la dis concordance, la délicatesse et la rudesse, la satisfaction et l'insatisfaction…*
Dégustez cette pièce de vos lèvres, vous la trouverez appétissante.

<u>Les acteurs de la pièce</u> :

- Judith Okoume (fille promise en mariage)
- Roméo (fiancé de Judith)
- Louis Okoume (père de Judith)
- Isabelle (mère de Judith)
- Brigitte (tante de Judith)
- Alfredo Okoume (frère de Judith)
- Fafa (la couturière)
- Raoul (ami de Louis, le père)
- Jean-luc (le journaliste)
- La femme = la femme (suspense)
- Fanie = l'épicière.
- Les filles = les nièces.

Actes I

scène I
Isabelle, Louis

Judith ne marque pas sa présence.

Louis s'irrita, gronda et ébranla son guéridon.

Louis

Judith, n'a pas encore regagné ses pénates ? Comment se fait t-il qu'elle n'y ait pas encore apparu ?
Elle y remettra pieds qu'après m'avoir exprimé son aveu.

Isabelle abasourdit aux hurlements de Louis, opprimée, se rabaissa.

Isabelle

Louis, pourquoi s'alarmer ? Depuis deux jours, elle s'en est allée comme à la dérobée, très précipitamment, que je n'ai pu la retenir.

Louis

Et, elle ne t'a rien annoncé ? Tu aurais pu lier Judith à ton bras.

Isabelle essaya d'apaiser la tempête si tumultueuse.

Isabelle

Ni quoi ni qu'est-ce.
Il en est ainsi ces derniers jours. Je t'en prie, ne te mets pas en courroux.
Notre fille est à son aise, auprès de son compagnon.

Louis

Et, tu l'admets ? Qu'elle court après cet homme déloyal, c'est d'une telle ineptie, il va falloir conférer.

Isabelle

Notre fille y trouvera peut-être son bonheur, vois-le !

Louis

C'est un malheur en plein air. Dès lors, qu'il a promis l'épouser et qu'il n'y tient pas sa promesse, il est donc inutile pour moi d'y espérer. Judith perd sa jeunesse.

Isabelle

Chez toi, tout va à bride abattue. Il va falloir se tranquilliser, le temps fera son œuvre.

Scène II :
Roméo, Louis, isabelle, Judith

Pendant que Louis se ressaisit, c'est Judith qui vint avec son fiancé Roméo, bras dessus, bras dessous.

Louis s'excita, et poursuivit Roméo dans la cour :

Louis :

Qu'allez-vous encore nous proférer aujourd'hui !

Roméo à Louis

Ô mon Dieu, arrêtez avec tout ça ! Que vous ai-je fait ? Bonjour, monsieur, comment allez-vous ? Bien, j'espère ! Que ma présence ne vous trouble point, car je sens en vous une émotion qui vous étreint.

Louis

A qui vous adressez-vous ?

Roméo

A vous monsieur, même si vous ne m'appréciez guère.

Louis

Disparaissez de ma vue. Et puis, Judith, j'ai l'œil sur toi, que je ne te vois plus te blottir contre son torse. C'est peine perdue, le temps s'enfuit et tu ne l'arrêteras pas.

Judith fut refroidit et se gêna de la réaction déplaisante de son père. Roméo disparut pour ne pas s'empêtrer avec Louis.

Louis à Judith, sa fille

Je t'interdis de t'unir à cet homme, tu n'y vois pas clair dans ses propos. Il ne ressent point d'amour pour toi et n'est pas prêt à te prendre pour épouse, il te faut un homme puissant. Se faire un mauvais compagnon, c'est se construire sa propre fosse.

Judith

Je ne partage pas ton point de vue, le seul avis que j'ai à donner, c'est que nous nous aimons.

Louis

Comment peux-tu me le prouver ? A beau mentir qui vient de loin. Ah ! Les femmes ! Ce n'est pas parce qu'il a une situation prospère que tu vas t'y attacher, je ne te le permets pas. Bien que l'argent rend aisé, et le désir est satisfait, il faut pousser ta réflexion à l'amour de l'homme et non à l'argent.

Judith

Calme toi, ô père, je sais qu'il t'irrite, mais je vois en lui qu'une âme innocente.

Louis

Je désire un homme sincère, respectant ses engagements. Et non un individu peu scrupuleux.
S'il t'aimait réellement, il aurait demandé ta main depuis l'an passé. Depuis, les fiançailles célébrés, il ne se fait plus voir. Une fois, surpris, il présente tous ses regrets, c'est un faux-fuyant. Sa promesse nous ait due.

Judith

Bien normal qu'il ne veuille plus appeler, tu le considères comme étant un individu.

Louis

Ces fantaisies ont commencé depuis deux ans et demi. Où sont tes yeux ? Ah ! l'argent fait tourner la tête des femmes !

Judith

Je ne partage toujours pas ton point de vue, et puis nul ne t'arrête à...

Louis

Tais toi. Lorsque je m'y prononce, il ne faut pas m'interrompre, jamais. Et puis, tu oses ! Crétine !

Isabelle arriva en interpellant son époux Louis qui ne cessa de perdre le nord.

Isabelle

Judith frôle à peine ses vingt quatre ans, et tu la presses ?

Louis

Que ses oreilles m'entendent !

Isabelle

Roméo, que t'a-t-il fait ? Je ne vois en lui aucun mal.

Louis :

Je pense que notre fille à affaire à un Dilemme.

Judith dans sa chambre, fut prise par le doute entre ce que lui raconta son père et ce qu'elle sut réellement de Roméo.
Elle ne téléphona plus Roméo pendant des temps définis, se retira de lui, et deux semaines plus tard, c'est Roméo qui fis fenêtre de l'oreille, par insistance.

Roméo

Judith, je n'ai plus de tes nouvelles. Tu es en plein recroquevillement. Il faudrait que de cette solitude, tu en sortes.

Judith

Oui, que me veux-tu ? Mon père est excédé par cette relation.
Le jour qu'il aura battu sa coulpe, tout ira au mieux.

Roméo

Tu dois t'éloigner de ton père, sinon nous n'y arriverons jamais.

Judith

A-t-il peut-être raison, non ?

Roméo

Mûrie ta pensée, tu crois que je n'ai point de sentiments pour toi ? Et tout ce que je t'ai offert ! tous ces diamants ! tu vas tout perdre (mon amour, tous les trésors.) et je sens bien qu'à présent, le doute envahit ton esprit.

Judith

J'y songerai de passer la semaine prochaine, mais aucune promesse ne t'ai faite.

Roméo

Pourquoi t'abstiens-tu ? Rejoignons-nous à quatre heures de l'après-midi.

Scène III
Brigitte, Isabelle, Louis

La conversation conclue, c'est Brigitte la tante, sœur d'isabelle, qui se présenta.

Isabelle à Brigitte

Bonjour Brigitte, c'est une joie de te voir, qu'as-tu à nous raconter ?

Brigitte

Je sors de chez le dentiste… j'ai aperçu Roméo pencher une femme svelte dans ses bras.

Isabelle

A quoi joue t-il ?

Brigitte

Il vient de m'avouer que c'est une simple relation amicale.

Louis ayant entendu le prénom de Roméo, s'incrusta subitement dans la conversation.

Louis à Brigitte

Qu'ai-je entendu ?
Où nous mènes-tu, Brigitte ? C'est un homme sans entrailles. De sa mauvaise conduite, il m'exaspère.

Brigitte

Louis, il est inutile de t'emporter, tu t'irrites pour un rien, et tu as de la berlue. Tu exagères, je le pense. Tu ferais mieux de concerter avec Roméo, voir sa position, lui rendre ton verdict, ou lui faire subir un interrogatoire. Par inadvertance, tu ne me salues pas. Finalement, je cesserai de m'occuper de choses peu frivoles.

Louis

Ai-je besoin de ton avis, Brigitte ? A quoi bon !

Brigitte

Dans la vie, on ne fait pas toujours ce qu'on aime, les gens t'imposent à aimer ce que tu ne désires pas. Tu es en tord et auprès de Roméo, il te faut absoudre.
Tu fais du despotisme. Tu réussiras à tout manœuvrer.

Louis

C'est Roméo qui me doit des excuses.

Brigitte interrompu la conversation, se retira.

Scène IV
Raoul, Louis

Le lendemain, Louis mécontent reçut Raoul, son ami, devant la terrasse. Ensemble, ils dialoguèrent sur le cas téméraire de Judith.

Louis à Raoul

Le cas de Judith me mets hors de moi, j'ai les nerfs à vif.
Je ne sais plus comment m'y prendre avec elle, je perds tous mes moyens. Elle pense que je lui en veux. Son fiancé Roméo lui mène en bateau. Je pense qu'il serait nécessaire de lui présenter Jean-luc, le Journaliste.

Raoul

Fais-en un vœu le plus cher.
Et, je vois que tu n'as pas les nerfs solides. Je crains que tu lèves ta main sur moi.
Mais, Judith n'est pas si vieille que ça ? Et tu t'affoles ?

Louis

Oui, je m'affole.

Raoul

Pourquoi ?

Louis

Parce que…

Raoul

Parce que quoi ?

Louis

Quoi qu'il en soit, Roméo n'épousera pas Judith, je crains son devenir.
Elle a mauvais goût.

Raoul

Mais Louis, le choix est entre ses mains. Je trouve ton attitude prosaïque.
Tu me parais être un dictateur qui instaure une loi.
D'où te vient cette rudesse ?

Louis

Rudesse exacte, Roméo n'aura pas Judith.

Raoul

Finalement, que penses-tu vraiment de Roméo ? Que mes oreilles n'ouïssent que du bon.

Louis

N'importe qui.

Raoul

N'importe qui ? Je te quitte, Louis.

Louis

Oui, quitte moi.

Louis se leva et alla se préparer un café pour changer ses airs penchés.
Bien que tout le monde fut écarté de lui, il continua à murmurer.
Le prénom de Roméo fut pour lui un élément pertubateur.

Scène V
Isabelle, Judith sa fille

Depuis trois mois, Roméo ne vint plus voir Judith,
Judith et sa mère sombrèrent dans la tristesse.
Isabelle désira ardemment prendre les nouvelles de celui-ci.

Isabelle à Judith

As-tu pris les nouvelles de Roméo ? Pourquoi ne se fait -t-il plus voir ?

Judith

Aux dernières nouvelles, il allait très bien. Il n'ose plus franchir le pas, il a pris ses distances, c'est certainement parce qu' il s'y sent mal. L'accueil qu'on lui réserve ne lui ait pas favorable.
L'absence de Roméo se fait sentir. Sa présence, j'en manque.

Isabelle

C'est probablement ton père qui en est à l'origine, Roméo a dû s'enfuir à l'anglaise.
Ton père gronde incessamment: c'est un lion en furie.

Judith

J'espère que Roméo n'a pas abandonné sa bien-aimée. Il ne donne plus de signal à mes appels.

Isabelle

Tu le reverras. Espère ! Espère encore ! Espérons.

Judith

Triste est ma mine, triste est son départ.

Isabelle

Ma fille, ne désespère pas tant ! Tu n'as que jeunesse à offrir.

Judith

Mère ! Donne ton avis sur Roméo, car ton avis m'importe au plus haut point.

Isabelle

C'est un homme vaillant, mais pas très sûr de lui.

Judith

Pas sûr ? Et comment l'appréhendes-tu ?

Judith, se lamenta. Fixant désespérément sa mère, puis se jeta dans ses bras.

Isabelle

Ma pauvre fille !
Oui, nous ne savons pas où il nous mène depuis si longtemps. J'ai l'impression que ton mariage s'en va en eau de boudin, c'est une situation qui s'en va de mal en pis, à moins que tu me la démentes.

Judith

Je démens tes propos injustes envers Roméo. N'est-ce pas un jugement ?

Isabelle

Non, un point de vue. Roméo est un homme courtois et clément, mais imprudent, il ne cesse de se présenter bien que ton père n'affirme pas sa présence.

Judith

Merci, mère.

Actes II

Scène I

Roméo, Judith, Isabelle, Rodolphe

L'absence de Roméo se fait sentir bien.

Quoi que Roméo eut pris ses distances, Judith tint toujours à lui, elle ne se douta de rien, et décida même de lui rendre visite sans informer personne, surtout pas son père.

Roméo à Judith

Pourquoi ne m'as-tu pas annoncé ton arrivée ? Je m'apprête à m'en aller. J'ai rendez-vous, allez vite !

Judith

Et, avec qui est prévu ce rendez-vous ?

Roméo

Il m'est personnel.

Judith

Tu ne veux pas que je découvre la triste vérité ?

Roméo

Judith, je t'ai dévoilé et présenté mes sentiments, ceux les plus sincères. C'est ton père qui les rejette, il ne m'accorde aucune valeur, je ne sais plus comment m'y prendre. On ne bâtit rien dans le mensonge et retiens ! Eh crois-moi. A ton père, il lui faut mille pardons.

Judith

Et as-tu songé à notre mariage ?

Roméo

Ne pressons rien. Le temps donnera son heure.

Judith

Et quelle est ton heure ?

Roméo

Il est temps que je m'en aille. J'ai du retard. On en reparlera probablement une prochaine fois.

Judith

Et c'est peu probable. Mais, tu ne dis pas où tu t'en vas ! Tu me quittes sans rien ressentir. Où est ton amour ?

Roméo s'en alla précipitamment, enfilant sa chemise. Judith rentra donc et en partance pour son domicile auprès de son père.
Judith constata que Roméo changea d'attitude, au fil des temps. Prise d'anxiété, elle choisit Rodolphe pour confident.

Judith à Rodolphe son frère

Je souhaite renoncer à mon mariage, Roméo ne m'a pas l'air sincère. Je doute de ses sentiments.

Rodolphe

Tu en est certaine !
Roméo a mauvaise image, mais il a sûrement dû se méfier, apparemment tu ne sais plus à quel saint te vouer.

Judith

Quel sadique, tu es!

Rodolphe

Tu ferais mieux de voir avec Roméo et de lui donner ferme décision, et je suis sûre que ça le réjouirait.

Judith

Je t'interdis de parler de la sorte.

Quelques secondes de plus, le téléphone se mit à sonner, c'est la mère de Roméo, qui informa à Judith, sa belle fille que Roméo eut pris des congés et qu'il ne fut pas nécessaire de se tourmenter pour autant.

La conversation entre Judith et Rodolphe reprit alors.

Rodolphe

Je suis sûre que Roméo ne veut pas dévoiler toutes ses conquêtes.

Judith

Je ne partage pas ce point de vue ironique et je ne suis plus sur le point de m'entretenir suite à tes nombreux propos opportuns qui ne tiennent pas debout.

Rodolphe :

Personne n' a l'air d'apprécier Roméo.

Soudain, Isabelle leur mère intervint.

Isabelle à Judith

Ma pauvre fille, je sens que tu as le cafard.
Tu ferais mieux de prêter de l'inattention aux propos de ton frère, qui lui n'a aucune campagne, et ne cesse de montrer son sadisme.

Rodolphe souhaita se justifier, Isabelle interrompu la conversation qu'elle jugea de puéril.

Judith à Isabelle sa mère

Mère, Roméo est en voyage. Sa mère me l'a informé de toute urgence.

Isabelle

Ma fille, tu es naïve, Roméo n'a pas souhaité que tu le rejoignes et pour combien de temps s'en est-il allé ? Je suis sûre que tu n'en sais pas plus ou moins.

Judith

J'en sais moins, donc je n'en sais pas plus.

Scène II
Roméo, Isabelle, Judith

Soudain, c'est Roméo qui arriva, l'air embarrassé. Son absence lui vaut explication.
Toutes les deux furent stupéfaites de l'arrivée de Roméo, mais celui-ci ne se fut pas certain qu'il eut quelque chuchotement entre elles.

Isabelle

Le voilà ton Roméo.

Roméo

Bonjour mère, que ma présence ne vous choque point, car je vous sens en retrait. Pourquoi donc ?

Isabelle

Nous voilà, nous vous tendons nos bras.

Roméo

Me voici devant vous.

Roméo embrassa Judith, puis la prit dans ses bras, avec délicatesse, tout le charme qui le caractérisa.

Roméo à Judith

Bisous mon amour. Je suis de retour.

Judith

Tu m'a tellement manqué à tel point que je désespérai.

Isabelle se sentit alors écartée de la conversation. Puis, Judith demanda permission à sa mère pour pouvoir faire entrer Roméo dans la demeure, dans sa chambre.
La conversation entre Judith et Roméo continuèrent à chaudes paroles. Judith curieuse demanda les raisons de son absence.

Judith

Comment peux-tu partir en voyage, sans un mot dire ?

Roméo

Je n'étais pas du tout en voyage. Mais, d'où te vient cette ânerie ?

Judith

C'est ta mère qui l'a raconté.

Roméo

Ma mère ! Encore ma mère ! Faute à ma mère, car elle comprend tout à l'envers.

Judith

Alors, où étais-tu allé ?

Roméo

Judith, je ne suis pas toujours contraint de dire où je traîne mes pas.

Judith :

Je t'astreints de le dire.

Roméo :

Ne me condamne pas.

Roméo porta caresses aux mains de Judith pour la rassurer, et Judith s'en offrit pleinement.

Roméo

Judith, si je n'avais point d'affection pour toi, tu ne m'aurais plus revu. Ton père ne m'y apporte aucune confiance. J'en crève !

Judith

Une confiance à un menteur ?
Il n'y a pas que mon père qui est contre, que nous nous unissions, c'est tous.

Roméo

Même ta mère, qui m'a l'air affable ?

Judith

J'ai essayé de négocier sa position, elle n'a pas vraiment l'air d' approuver cette relation.

Roméo

Judith, tu dois t'enfuir de ta famille. Elle te pourrie la vie.

Judith

Que comptes-tu faire à présent ?

Roméo

Quittons Brazzaville pour le Gabon.
Je t'aime Judith, je veux que tu me rejoignes. Tu es la mère de mes enfants.

Judith

Je crains que tu ne joues avec mes sentiments.

Roméo

Trop de gens veulent nous séparer.

Judith

Et le mariage, l'as-tu pensé ?

Roméo

Et pourquoi ne pas se marier à l'étranger ? Ton père ne sera pas au courant de cette affaire.

Judith

Il n'est pas si aveugle, c'est un projet très délicat. Montre-toi habile.

Scène III
Roméo, Louis, Judith, Isabelle

Roméo s'apprêta pour partir, en saluant sa chère belle-mère Isabelle, mais il se heurta nez à nez avec Louis. Il fut difficile de retenir l'humeur de Louis.

Louis à Roméo

Où étiez-vous ?

Roméo

Je comptais mes pas chez vous, monsieur, et il n'en reste plus. Pardonnez mon geste, vous ne m'y avez pas autorisé.

Louis

N'y mettez plus vos pieds. De peur que je vous ôte vos deux jambes.

Roméo

Et, pourquoi ? Que vous ai-je fait, monsieur ?

Isabelle aperçut son époux Louis en train de se bagarrer avec Roméo, et elle ne sut que faire.

Roméo

Vous me frappez ? Et quel Bâton tenez-vous ? Est-ce une canne ?

Louis

Je l'ai réservé pour vous. Marre de vous voir. Et vos promesses en l'air qui datent ? Incivilité !

Roméo

Pourquoi cela ? Qu'entendez-vous par ce mot ?

A ces mots, Louis se hérissa, explosa de rage.
Puis dans l'immédiat, Roméo courut à toutes jambes.

Isabelle à Louis

Roméo n'est quand même pas ta bête noire !

Louis ne su quoi lui dire.

Louis à Judith sa fille

Tu aurais pu prendre Jean-luc, c'est un homme bon, digne de confiance.

L'idéal, c'est lui.

Judith manifesta une triste mine alarmante.

Isabelle à Louis

Nous perdons notre fille, le départ de Roméo m'apaise vivement.

Louis

Tiens ! Tiens ! Tiens ! Maintenant tu saisis, tu étais la première à lui prendre parti. Et tu ne détiens aucune hardiesse pour le lui professer ? Sournoise, que tu es.
Judith s'enfonce. Naïve, qu'elle l'est.

ACTES III
Scène I
Brigitte, Isabelle, Louis, Raoul

Le jour suivant, vint la tante de Judith.

Isabelle

Brigitte, quel enchantement ! Tu m'as l'air toute effondrée.

Brigitte

Et en quoi m'effondrerai-je ? C'est à Judith de s'effondrer.

Isabelle

Qu'y a-t-il encore avec Judith ?

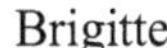
Brigitte

J'ai une triste nouvelle.

Louis

Eh ! encore une histoire ? Tu ne connais pas Judith mieux que nous.

Brigitte

Ce n'est pas exactement Judith dont je fais mention, mais Roméo. Je l'ai aperçu hier danser une belle fleurette corps à corps.

Louis

Tu es donc une rapporteuse ? J'espère que tu n'es pas goguenarde.

Brigitte

Ai-je tord ? Pourquoi ne rapporterai-je pas ?

Louis

Maintenant tu prends ma position, et tu penses : Judith est en danger. Tu es en discordance avec toi-même.

Brigitte

Il faut mettre les choses au point, mais il n'y a pas assez de preuves pour faire le point.

Louis

Roméo est un bourreau des cœurs, mais il n'aura pas ma fille Judith. J'ai quelque un d'autre à le lui proposer. Je mise sur Jean-Luc.

Brigitte

Et, es-tu sûr qu'elle acquiescera ?

Soudain, Louis disparut, claqua la porte du salon, et se rendit chez Raoul, son ami.

Raoul

Tu m'as l'air grisâtre, aujourd'hui. Qu'y a-t-il encore ?

Louis

Roméo crée en moi de l'émoi, si bien qu'il est difficile pour moi de m'abstenir à ses paroles qu'il juge sincères.

Raoul

Quand ferez-vous la paix ? Tendresse, vient !
Un jour, Roméo te ripostera. Tu ferais mieux de laisser Judith jouir de sa jeunesse. Tu as vieilli, mon cher ami à force de te préoccuper de ta fille. Ta femme a tant besoin de toi, prends en soin.

Louis

Ma femme Isabelle a tout pour être heureuse, elle jouie du bonheur, ce qui n'en est pas le cas pour Judith.

Raoul

Comment sais-tu que Judith n'est pas à son comble ? C'est toi qui lui empêche de jouir de son bonheur.

Louis

Je pense qu'elle se met le doigt dans l'œil, je la verrai bien dans les bras de Jean-Luc. C'est de lui que viendra son bonheur.

Raoul

Je ne suis pas certain que Jean-Luc soit l'homme que Judith aimerait avoir…

Louis

Roméo n'ose pas se manifester, alors je lui propose Jean-Luc.

Raoul

Avec autorité ? Non, tu le lui impose.

Louis

Qui en détient la vraie séduction, n'a que pour arme, celle de l'amour, en fait qu'il en soit de le donner.
Je ressens cette arme de séduction chez Jean-Luc, je le trouve vrai, il n'a rien à cacher et à tout pour donner. Pour moi, Roméo est un faux jeton.

Raoul

Ton tempérament l'effraie, tu le vois d'un mauvais œil, si bien que tu insistes sur Jean-Luc que tu ne connais pas suffisamment. D'après les on-dits, Il s'accoutume à duper et à briser les cœurs. Et voilà, où nous en sommes. Vers qui se penchera ton choix ? Je trouve Roméo, pleine de vertus. A mon avis, tu t'emmêles les pinceaux avec Jean-Luc qui lui, n'en a aucune.

Louis

Jean-Luc, je l'ai connu différemment.
Je comprends que ton choix se porte sur Roméo, mais je ne suis pas de ton avis. Tes conseils m'indiffèrent.
Jean-Luc est un homme de distinction et d'honorable…

Raoul

J'essaie de te ramener à la raison, tu as battu le record de l'incrédulité, suis donc ton instinct. Et en as-tu discuté avec Judith ?

Louis

Il est inutile de m'entretenir avec Judith, elle n'y connaît rien à la vie. Sa mère siège souvent à ses côtés. Judith s'est fait l'apocalypse de la vertu.

Raoul

Et toi, penses-tu que ton choix en est meilleur ? Avec Isabelle ?

Louis

Isabelle restera ma femme. Finalement si Jean-Luc proteste à ma proposition, qui d'autres vois-tu ?

Raoul :

Je ne vois que Roméo. Je le trouve digne d'esprit.

Louis :

Tu ne résous pas mon problème.

Raoul :

Donne-moi un peu plus de précision sur Jean-Luc, qui est-il exactement ?

Louis :

Jean-Luc est devenu Journaliste, nous nous étions connus à l'université, nous nous sommes perdus, et de grâce, nous nous sommes retrouvés. Puis perdus de nouveau.

Raoul :

Il va falloir donc vous retrouver de nouveau ? Et tu trouves qu'il en est agréable et digne de lui proposer Jean-Luc, ton ami de longues dates ?

Louis :

Je ne vois pas où en est le problème.

Raoul :

Cette fois-ci, tu risques de le perdre définitivement.

Louis :

Je l'ai déjà vu faire de l'œil à Judith.

Raoul :

Judith a dû lancer un soupir.

Louis quitta sa chaise et se leva.

Louis :

Quelle soupire ! Demain, avec Jean-Luc, nous parlerons à cœur ouvert. Je peux encore espérer.

Raoul :

Met toutes les chances de ton côté, cher ami.

Louis et Raoul se quittèrent avec assurance. Louis rentra à son domicile.

Scène II
Judith, Louis, Isabelle

Judith s'emmena vers Louis.

Judith à son père

Ma relation avec Roméo se gâche et tu es en train de nous chercher des noises. Tu crées de la tristesse aux âmes.

Louis se tut.

Judith

Ah ! je viens de te clouer le bec.

Louis s'exprima sans embages

Louis

C'est un péril et bien triste que tu n'y vois pas loin, nous ne pouvons rien n'y débattre.

Judith

Je sais que tu n'apprécies guère Roméo, mais tu ne fais pas le moindre effort de l'accepter tel qu'il est. J'ai besoin de bâtir ma vie, comme tu as fait la tienne.

Louis

C'est Jean-Luc qui détient ton avenir, tu jouiras de ses privilèges. Je t'interdis de bâtir ta vie avec Roméo. Tu n'y construiras rien à l'avenir. Allez ! Vas !

Judith

Dans six ans, Jean-Luc commencera à manifester ses premières rides…

Soudain, Isabelle intervint.

Isabelle

Louis, tu es en train de gronder comme le tonnerre.

Louis

Judith est en âge de procréer. Je profère : Judith doit se marier.

Isabelle

Alors, quelle se marie.

Scène III
Jean-Luc, Louis, Isabelle

Louis téléphona Jean-Luc, pour lui faire part de sa proposition tant espérée.

Jean-Luc décrocha.

Jean-Luc

Oui, qui êtes-vous ?

Louis

Jean-Luc, cesse de me vouvoyer. Il ne faut pas tirer un trait sur le passé.

Jean-Luc

Votre prénom m'est inconnu.

Louis insista.

Louis

De bon gré ! Laisse moi finir. Tu estompes les souvenirs.

Jean-Luc

Que me veux-tu ?

Louis :

Si j'ose dire :
Il y a quelques années, tu as manifesté un grand amour pour Judith, je veux que tu la prennes pour épouse.

Jean-Luc

Tu es quand même déplacé pour demander ce genre de chose. C'est à moi de faire ma demande.

Louis couvert de honte, interrompu la conversation, et demanda de l'aide à son épouse Isabelle.

Louis à sa femme

Je suis vivement déçu de la réponse de Jean-Luc, je pensais qu'il aimait notre fille, il a manifesté un refus catégorique et ne souhaite plus vraiment en entendre parler, c'est sur le point de cette discussion que nous achoppions.

Isabelle

Il n'y a pas que Jean-Luc à lui proposer, il y en a plein d'autres. Tu te focalises sur lui ?

Louis

Qui d'autre voudra d'elle ? Je n'aurai jamais cru qu'il rejette ma proposition.

Isabelle

Que t'importent les inconvénients, tu comptes insister de nouveau ?

Louis

Non, vu toutes les négociations entre prises, Jean-Luc n'est pas sur le point de changer d'avis. Pourtant, il faisait preuve d'une grande mansuétude.

Isabelle

Je peux t'apporter de l'aide. Je pense qu'il est préférable que nous l'invitions à dîner. Qu'en dis-tu ?

Louis

La réussite te sera difficile quelque soit ton courage.

Isabelle faisant preuve d'une grande habileté et hardiesse téléphona à jean-Luc.

Jean-Luc

Allo, oui.

Isabelle

Je suis Isabelle, épouse de Louis, nous souhaiterions que vous dîniez chez nous aujourd'hui.

Jean-Luc

Je suis très pris, mon travail me retient si souvent qu'il m'est difficile de réserver du temps libre pour me divertir.
Madame, c'est gentil.

Isabelle

Quand comptez-vous passer ?

Jean-Luc

Quand le temps me le permettra.

Isabelle

J'espère vous revoir très vite.

Jean-Luc

Je ne suis pas à votre disposition.

Isabelle

Nous faisons cela pour renouer les bons rapports.

Jean-Luc

Peut-être que oui, peut-être que non.

Isabelle :

Pourquoi cette réponse ?

Jean-Luc

Parce que oui, parce que non.

Isabelle :

Quand comptez-vous arrêter ?

Jean-Luc

Quand vous arrêterez.

Isabelle

Vous vous foutez de moi ? Ne vous sentez pas si obligé.

Jean-Luc

Vous ne m'obligez à rien, vous faites tout simplement des négociations laborieuses, contrairement à votre mari qui lui est obligeant. Pour cela, je compte réjouir votre coeur dans les prochains jours, tenir parole, donc satisfaire ma promesse.

Isabelle

C'est avec honneur que nous vous recevrons.

Isabelle à Louis

J'ai enfin réussi à le convaincre.

Louis

Pour faire ça, il t'a fallu combien de temps? Tu as dû soulever un débat.

Isabelle

Au début, il freinait des quatre fers. J'ai néanmoins pu le convaincre.

Louis

Tu es forte ma femme.

Les jours passèrent. Le jour tant attendu arriva.
Ce fut l'arrivée de Jean-Luc,
il fut bien reçu par la famille.
Finis leurs différends, Jean-Luc et Louis, ont l'air de s'entendre comme Larrons en foire.

Jean-Luc

J'espère que ma présence a amoindri votre peine. Car vous me réclamiez sans cesse.

Isabelle

Oui, prenez place, n'ayez crainte.
Enfin, les retrouvailles, il faudrait que nous les fêtions.

On fit asseoir Jean-Luc, celui-ci fut reçu d'une grande gaieté, puis on interpella Judith à la criée. Puisqu'il n'eut aucune réponse de Judith, Louis se gendarma auprès de son épouse Isabelle.

Louis

Où est donc passé Judith ? Et combien de temps y mettra-t-elle ?

Isabelle

Je ne suis pas à son affût, elle doit sûrement flâner l'un des secteurs de la ville.

Louis à Jean-Luc

Je t'ai fait venir pour avoir ton dernier avis. Tu sais, de Judith nous avions parlé, mais elle n'affirme toujours pas sa présence.

Jean-Luc

Elle a fait fuir ses pas, sache !

Louis

Isabelle n'a pas veillé sur ses pas.

Jean-Luc

Si je puisse dire, tu n'as aucun pouvoir, ni aucun droit de les retenir.

Louis

Tu me connais mal.

Jean-Luc

Que vas-tu faire, donc ?

Louis

Les lui soustraire : deux moins deux.

Jean-Luc

Je pense que Judith prend de l'âge et tu y veilles sans relâche.
Oserais-tu cela ?

Louis

Si Isabelle me le permets.

Isabelle

Donc, c'est Isabelle que tu crains.

Louis

Laissons tomber avec Isabelle, elle se fâche à tout propos, revenons à Judith;
Ne me dit pas que tu fais des promesses en l'air ?

Jean-Luc

Que vais-je apporter à ta fille ? C'est de moi que tu aspires l'idéal ?

Louis

Comment peux-tu douter de toi.

Quelques temps plus tard, on proposa à Jean-Luc, le dîner.

Louis à Jean-Luc

Faisons ripaille

Jean-Luc

Bien, volontiers.

A table, Jean-Luc mangea sans modération, et avait maille à partir avec le gibier, isabelle y jeta un regard malveillant.

Longues minutes passèrent, le soleil annonça son coucher,la pluie tomba à drue, et Jean-luc se précipita de partir.

Jean-Luc

Le temps est venue de nous quitter, merci pour cette journée si agréable que vous avez pris le soin d'organiser. L'an prochain, retrouvons nous.

Scène IV
Isabelle, Louis, Jean-Luc

La disparition de Judith

De nombreux jours s'écoulèrent, et il n'eut aucune nouvelle de la part de Judith

Louis à Isabelle d'un ton amplifiant :

Judith n'est pas sur le point de ramener ses pas.

Isabelle

En toute connaissance de cause, tu en es responsable.
Et que comptes-tu faire à présent ?

Louis

Je ne suis pas d'humeur à me laisser prendre, il faut alerter Jean-Luc au plus vite, afin de répandre la nouvelle auprès des médias concernant la disparition de Judith.

Isabelle

C'est une nouvelle fort de café.

Pendant ce temps, Louis téléphona à Jean-Luc pour lui faire part de son lourd chagrin.

Louis

Depuis, Judith n'a pas mis pieds, ça nous donne froid dans le dos.

Jean-Luc

Je comprends que vous vous rangez les sangs.

Louis

Nous en sommes à sept jours qu'elle n'y ait pas apparu.

Jean-Luc

Qu'ai-je entendu ? C'est une absence injustifiée. Si vous le voulez bien, je monterai un dossier pour avis de recherche auprès de la direction. Il n'y a pas de quoi vous alarmer.

Louis

Prise d'anxiété, Isabelle est en état de choc.

Jean-Luc

Mon équipe et moi ferons tout le nécessaire, afin de vous ramener Judith, saine et sauve.

Louis

Que tu me mets dans l'embarras !

Jean-Luc

Tu faiblis ? Tranquillises-toi, nous allons y parvenir.

Louis

Le temps presse.

Jean-Luc

Cesse de me conjurer.
Bien que la situation soit alarmante, nous ne pouvons y faire autrement.
Tu en est le seul responsable, tu n'es jamais satisfait.
As-tu songé à Roméo ? Judith est peut-être dans ses bras. Je ne peux consoler ton âme.

Louis

Tu encourages la bataille.

Jean-Luc

Je ne vois d'où tu veux en venir.

Louis

Le courant passe mal entre moi et Roméo. Il réalise à quel point je suis son ennemi. Prend sa défense, mais ne me met pas hors de moi.

Jean-Luc

Parce que tu en as décidé ainsi, si tu ne mènes aucune enquête auprès de Roméo, je ne vois comment nous pourrons trouver la solution au problème. A ce que je sache, ce n'est pas une mince affaire.

Louis

Roméo est injoignable, et je lie mes pas. Ce n'est pas ma façon d'y faire : Me présenter à l'improviste.

Jean-Luc

Redouble de courage et franchis le pas.

Louis

Je l'exécute dans la matinée.

Scène V
La femme, Louis

Le jour même, Louis introduisit ses pieds chez Roméo, mais celui-ci fut absent de sa demeure. Il aperçu une femme assise à la véranda, et il n'eut craint de s'approcher.

Louis

Qui êtes-vous Madame ?

La femme

Et vous, qui êtes-vous ? Songez à vous présenter.

Louis

Je suis à la recherche de Judith, ma fille, Roméo s'en est sûrement accaparée. Il me la ravie de mes mains, alors que j'y veille.

La femme

Vous y veillez sans cesse, si bien que votre fille s'est enfuie de vos mains. Je pense qu'elle a suffisamment mûrie, et vous ne devez plus vous y attarder. Rendez-lui sa liberté. Roméo ne lui veut point de mal.

Louis

De quoi vous mêlez-vous ! Que vous ai-je demandé ? Rien de plus.

La femme

Je pense que vous y prenez plaisir à faire souffrir les cœurs. Mon fils en est le souffre-douleur.
Ses lamentations, j'en ai tant entendu. Vous vous y acharnez même en public, et vous en faites le spectacle.
Vos mépris le consument. Vous doutez de sa bonne foi et accédez aux limites fixées.

Il n'en revient pas que vous agissez sur lui avec austérité. Changez donc votre façon d'agir. Celle-ci ne peut que déplaire et vous attirer des ennuis. Vous vous réduisez au silence ?

Louis :

Je comprends que vous clamiez son innocence. Bien normal pour une mère de prendre la défense de son fils.
Hélas ! Je ne peux contredire vos propos, et je m'en excuse.

La femme :

Je vous pardonne vos offenses.
Unissez-vous, enfin !
Je comptais néanmoins vous informer que n'avons pas Judith avec nous. Roméo m'a donné possession des clés, je suis la bergère. Je vous invite donc à me rejoindre dans sa demeure. Désormais nommez-moi la femme, et si ça vous mets dans l'embarras, appelez-moi Chantal.

Roméo entra dans la demeure de Roméo, s'assis de façon séante, puis fit le tour des pièces, mais puisqu'il n'y vit pas Judith, il se consterna.

D'une main agile, elle servit délicatement à Louis du vin, et il s'en délecta avec plaisir, jusqu'à la moindre goutte et se quitta avec la femme avec regret.

ACTES III
Scène I
Fanie l'épicière, Louis

Longues absences de Judith injustifiées.

L'absence de Judith perdura. Elle ne se fit plus voir, pas un moindre signe de sa part auprès de sa famille.
Frappé d'amertume, Louis répondit la nouvelle sur la disparition de Judith dans les rues voisines.
Il se heurta avec l'épicière.

Louis à Fanie l'épicière

Depuis longues semaines, je n'ai plus vu Judith. Je ne sais où elle erre en ce moment ?

Fanie

Pensez-vous qu'elle erre ? Oh ! votre prisonnière est en fuite ? Vous vous irritez pour peu de choses. Gardez l'âme tranquille. Reprenez votre souffle.

Louis

C'est un cas alarmant.

Soudain, Judith apparu pour apporter de l'aide à l'épicière.
Et Louis la surprit.

Louis à Fanie

Rendez-moi ma fille, il ne vaut pas la peine de la garder.

Fanie

Votre fille est un ange, elle m'a l'air toute effarée.
Pensez-vous être le maître de ce monde ?
Il vous faut faire le ménage dans votre tête, vous vous amusez à troubler les cœurs, et à les faire saigner.
Vous pouvez en douter, mais ce qui est agréable aux yeux, c'est de mieux voir.
Je vous rendrai votre fille quand vous viendrez me l'arracher.
J'ai l'impression que personne ne veut vous voir vivre.

Louis

Ceux qui veulent la mort de mon âme, qu'ils en soient abattus. C'est mon coup de poignard.
Et depuis, quand Judith vous fait-elle compagnie ?

Fanie l'épicière

Depuis que vous avez décidé de vous y acharner.

Louis

J'ai de l'affection pour ma fille, elle n'y voit pas loin, l'avenir nous dira tout.

Fanie

Je vous vois en tord, vous ne vous lassez pas de raconter des futilités. Ah ! je vous trouve plaisant. Votre fille ne cesse de gémir, et je l'entends jusqu'à moi. Acceptez son choix. Ne lui causez plus de l'affliction.
Je vous rends votre fille contre une pièce de monnaie, vous achetez mes oranges.

Louis

Je cède à vos caprices.

Fanie

Pour le retour, demandez l'accord à votre fille, vous l'avez libérée de la prison et ne l'enfermez plus.

Scène II
Judith, Jean-Luc, Louis, Isabelle

En toute urgence, Judith regagna le domicile familial.
En entendit les hurlements de joie d'Isabelle.

Isabelle

Où flânait telle ?

Louis et Judith

Chez l'épicière.

Isabelle à Judith

Ton retour est à acclamer, pour le moment, il n'y a que ça d'important.

Le lendemain, Jean-Luc, téléphona à Louis, pour lui faire compte rendu concernant la disparition de Judith

Jean-Luc

Il ne faut pas t'en faire. Judith est chez l'épicière. La nouvelle s'est colportée.

Louis

Oui, Judith nous ait revenue.

Jean-Luc

Quelle immense joie de l'entendre. Réjouissons-nous.
Ce n'est qu'un pur moment de plaisir.

Louis

Plaisir, enfin !

Jean-Luc

Je te dis : à une fois prochaine, et tâche de t'y remettre. En outre,
Change ton attitude.

Raoul fit de même au courant des retrouvailles de Judith. La nouvelle se tut.

Scène III
Isabelle, Roméo, Louis, Judith muette se fait absente.

La tempête apaisée, l'un de ces jours Roméo remit pieds au domicile de Judith, et son père.
Il fut bien accueilli par Isabelle, et Louis garda son sang froid.
En catimini, Isabelle devint le conseiller de Louis.

Isabelle

A Roméo, abstiens-toi de faire le mal. Tu es à l'origine de la fugue de Judith.

Louis

Je ne suis pas d'un mauvais tempérament aujourd'hui. Que me veux-tu ? Je laisse place à la délicatesse.

Puis, on proposa à Roméo, le souper. Ensemble, ils prirent un apéritif commun.

Pendant le repas convivial, Louis fut habité par le silence, mais les propos échangés entre Judith et Roméo agacèrent Louis.

Louis à Roméo

Ce n'est que du chantage, fermez-la.

Louis à Isabelle, son épouse

La boisson nous ait finie. S'il faut de nouveau en racheter pour ce vaut rien, ça ne vaut pas la peine. Je ne sors pas le moindre sou.

Quand Roméo voulu se justifier, Louis l'exhorta de partir.

Louis à Roméo

Il ne faut prendre les enfants du bon Dieu pour des canards sauvages.

Puis, Louis mit Roméo hors de sa demeure.

Louis

Que du ciel, retombent vos mille fautes, commises jusqu'à Glé (temple).
Menteur invétéré !
A vos quatre pas de plus, je vous abats.

Roméo

Oh ! Laissez-moi que je m'en fuisse, loin de vos yeux. Vous ne pouvez

me voir si longtemps.
De votre souveraineté, je me tiens en garde. Ah ! vous me dédaignez, que les gens vous en dédaignent, tant bien que même.

Louis

Rejoignez votre demeure.

Roméo

Qui êtes-vous pour m'appliquer votre acte de censure ?
Dieu seul sait si je mens, vous n'avez pas confiance, mais lui m'est témoin.
Votre parole est tranchante comme une lame et vous venez de me faire une blessure, mais pourtant ma mère a mis garde à votre attitude, vous n'avez pas l'air de la changer.

Judith sombra dans le désespoir, se jeta dans les bras de sa mère pour verser une larme. Larmes de chagrin.
Isabelle intervint à la scène.

Isabelle

Louis, Tu perds les pédales, reviens avec nous.

Louis à Roméo

Cessez de clamer votre innocence auprès du bon Dieu. Il ne couvre point le mensonge.

Roméo

Vous doutez de moi ? Si vous me connaissiez, vous en sentirez une si grande différence de ce que vous dites, et vous en serez étonné.

Louis

Vous vous amusez en parlant ?

Roméo

Même si vous ne m'appréciez, je sais rien vous dire.

Louis

Disparaissez !

Roméo partit larme à l'œil.

Louis à Isabelle

Je vais me détendre, j'en ai tant besoin.

Isabelle

Tu ne devais pas te préoccuper des propos futiles de Roméo. Défoule-toi à en rire.

Louis

Je me défoulerai quand Jean-Luc demandera la main de Judith.

Isabelle

Il te faut tirer un trait sur Jean-Luc. Il n'est pas intéressé.
Il ne faut pas te laisser envahir par la colère. Montre-nous ton rire.
La joie défait la colère, il en défroisse, comme on défroisse un linge.
Et tu t'y sentiras mieux.

Louis

Quelle joie chavire en ce moment dans mon coeur ! Cet homme facétieux a disparu de ma vue.

Isabelle

Tu es en pleine euphorie !

Louis

N'exagères quand même pas.

Isabelle

Mais, si. Tu as mis Judith dans l'embarras.

Louis

Elle se ressaisira, il ne faut pas t'en faire. Elle geint à longueur de temps.

Isabelle

Il te faut à tout prie satisfaire son désir, et l'accepter.

Louis

Si c'Est-ce que tu désires, mon avis reste invariable.

Isabelle

J'espère que tu te rendras bien compte de tes erreurs.

Scène IV
Judith, Roméo

Dans les jours qui suivirent leur séparation dû au père de Judith, Judith et Roméo décidèrent de se retrouver.

Judith se rendit chez Roméo, ensemble, ils se virent comme deux tourtereaux.

Judith

Je sais que tu crains mon père. Tiens, prend ce conseil :
- offre lui un veston. Il en raffole.

Roméo

Je ferai également ma demande de mariage ?

Judith

Tu oses faire cela ? Tu troubles mon cœur de joie, j'y crois pas.
Tu m'emmènes au septième ciel.
Réussiras-tu à convaincre mon père ? Il à la tête dure.

Roméo

Je dirai plutôt qu'il nous mène la vie dure, il faut lui dire de dures.

Judith

J'ai maintes fois essayé, mais il n'est pas facile de le convaincre.
Tu le trouves comment, mon père ?

Roméo

Autoritaire et douteux.

Judith

Il ne faut pas paniquer quand l'obstacle y est présent, il faut bien au contraire l'affronter.

Roméo

Je ne cesse d'affronter ses nombreuses menaces.
Quand cessera-t-il ?
Laissons-le dans son délire de vieillesse.

Longs propos échangés, Roméo offrit une rose à Judith pour symboliser leur amour.

Judith

Oh ! ça me faut chaud au coeur.

Roméo

Pour te montrer mon affection, je me voue à interpréter ce court morceau de musique que je viens de composer à l'instant même :

La femme aimante, champêtre !
Qui voyait la douceur de mes mains,
L'ensoleiller.
De mes mains l'offrir une rose,
Une rose prise de ses mains,
Elle l'embrassait, la délectait, et
La dévorait de son odorat.
Et j'avais su ne pas la déplaire.

Judith

Hum ! Belles paroles. Celui d'un poète ou d'un Musicien ?

Roméo à Judith

Celui d'un poète dit Musicien.
Judith, j'ai une demande à te faire : veux-tu m'épouser ?

Judith

Tu me combles de joie. Je ne peux protester à ta proposition.
Cet après-midi, rends-toi chez mon père pour lui prononcer le mot :
Mariage. Mais, avant songe à apprêter ton veston pour le lui en offrir.

Roméo :

Je n'y manquerai pas.

Judith

Tu m'as l'air vivement inquiet. Pourquoi, t'embarrasses-tu pour autant ?
Chez mon père, c'est moi qui t'ouvrirai.

Scène V
Isabelle, Roméo, Louis

Quelques jours plus tard, Roméo se rendit chez Judith.

Isabelle

Encore vous ?

Roméo

Belle-mère, je viens faire ma demande en mariage.

Isabelle

J'en suis extasiée. La bonne nouvelle est arrivée.
Entrez, prenez-y place.

Isabelle :
Louis, Ton beau-fils fait preuve d'impatience, de faire sa demande en mariage.

Louis

Je te rejoins. La présence de Judith nous ait nécessaire.

Isabelle

Elle s'apprête, elle se farde les joues.

Soudain, Judith arriva....

Louis à Roméo

Monsieur, je vous écoute.

Roméo s'exprima tant bien que mal.

Roméo

Judith et moi, vous demandons votre accord pour célébrer notre union. Mais, j'ai de même un veston à vous offrir, votre vêtement me semble un peu désuet. L'acceptiez-vous ?

Louis

Ah ! Je suis fier, que vous y ayez pensé à moi. Mais surtout à ma fille.

Isabelle à Louis

Te voilà satisfait. Enfin !

Bien que très ému, Louis affecta une grande joie. Il fit couler une larme.

Roméo

Je vous vois bien luné. Rien d'étonnant.
Auprès de vous, j'exprime une grande révérence.

Judith

Oh là ! Père, je suis heureuse de m'allier avec l'homme que j'ai tant désiré.
Mon cœur en a tant souffert de ses absences justifiées par le rejet que tu as occasionné de ta propre faute; et le manque de confiance in toléré qui se faisait sentir bien.

Isabelle

Les préparatifs vont être une corvée, ma fille. Demande l'aide à tes nièces.

Judith alla annoncer la nouvelle auprès de son entourage.

Son entourage l'applaudit, à mains levées.
Elle mit également au courant les membres familiaux concernant la nouvelle.
Tous se réjouissèrent et acclamèrent à Judith toutes leurs félicitations.
Les préparatifs du mariage commencèrent à lourdes tâches.
La famille apporta ses mains, en guise de consolation.
Les lamentations de Judith cessèrent, elle fut à son comble.

ACTES IV
Scène I
Fafa, Isabelle, Jean-Luc, Louis

Isabelle la mère, fit appel à Fafa, la couturière pour confectionner la robe de Judith.

Isabelle à Fafa

Combien dois-je vous payer pour faire cela ?

Fafa

Le tissu est délicat. Mon travail vaut 20000 FCFA.

Isabelle

A la vue de votre lourde tâche, vous méritez bien plus que cela.

Fafa

Non, merci. Je n'en veux pas plus, Judith est ma fille de cœur.

Isabelle

Vous avez autant d'affection pour Judith, ça me réjouie.
Je dois vous quitter, j'ai tant à faire.

La famille alla ici et là, pour chercher comment réserver la salle pour le vin.

Une salle leur a été donnée à leur convenance.

Louis alla clamer de nouveau la nouvelle à Jean-Luc le journaliste.

Louis

Finalement, Roméo a demandé la main de Judith, tu ne t'ai pas manifesté avant.

Jean-Luc

Je pense que Judith a fait bon choix. Ensemble, ils construiront dans leur nid d'amour.

Louis

J'ai cédé à son désir.

Jean-Luc

Tu n'as pas à prononcer cela, car il n'y avait rien à attendre de moi.

Louis

Je ne t'en veux plus.

Jean-Luc

Tu n'avais pas à m'en vouloir, je voulais tout simplement t'apporter mon aide.

Louis

Tu me trahis ?
Au moins, je sais à qui j'ai à affaire désormais.

Jean-Luc

Si tu le dis.

Louis

Nous allons rompre notre amitié, tu ne vaux rien.

Jean-Luc

Mais, attends !

Scène II
Louis, Raoul

Louis s'en alla sans remords. Il se rendit chez Raoul.

Louis

Tu entends ce que dis Jean-Luc ?

Raoul

De quoi veux-tu dialoguer ?

Louis

Il n'y avait rien à attendre de Lui, concernant ma proposition faite pour Judith.

Raoul

Ça je te l'avais dit.

Louis

Mais, j'ai néanmoins une bonne nouvelle à te révéler.
Roméo a pris ses engagements et ses responsabilités.
Le mariage de Judith aura lieu dans les mois à venir.

Raoul :

Tu me mets dans une joie immense, Roméo est mon coup de cœur.

Louis :

J'ai finalement cédé à sa proposition que j'ai trouvée sincère.

Raoul :

Judith doit se réjouir de la nouvelle.
J'y viendrai à la cérémonie. Drôle façon d'invitation.
Et tu n'as pas de carte ?

Louis

Non, pas encore !
Je dois te quitter, je suis très pris en ce moment. Le mariage de Judith est grande bouffée.

Raoul

Je te comprends tout à fait.

Louis partit en courant.

Scène III
Fanie, Louis, Judith

Concernant les préparatifs du mariage, le lendemain, Louis ordonna à Judith de se rendre chez L'épicière.

Louis à Judith

Va chez l'épicière, paie pour tes six filets d'oranges, tend ses quelques pièces et qu'elle n'ait pas de monnaie à te rendre, car le prix à payer est égal à la somme due.

Judith

Je n'en ai pas pour longtemps, et je serai aussi rapide qu'une voiture.

Judith arriva chez l'épicière toute essoufflée.

Judith à Fanie

Nous avons besoin de six filets d'oranges, pour la cérémonie de mariage.

Fanie

Il s'est déclaré enfin ! Ton Roméo. Vide-moi la corbeille.

Judith

Non, il nous est pas possible d'‘en acheter autant, compte tenu du nombre d'invités qui a été prévu.

Fanie

Rien de grave, la somme est exacte.

Judith

Je vous quitte, je vous admire de ce que vous êtes.

Scène IV
Fafa, Judith, Brigitte, Isabelle

Quelques jours passèrent, on recommanda à Judith de mettre robe à sa taille, elle se rendit urgemment chez Fafa.
Elle essaya la robe, et la robe l'alla à la juste taille.

Fafa à Judith

Vous avez une taille de guêpe.

Elle prit la robe et disparut à l'instant, mais ne se rendit pas compte des défauts de la robe.
Brigitte, la tante décida de reprendre la couture.

Brigitte à Judith

Comment as-tu fait pour être aveugle ? Elle m'a l'air effilochée, ta robe. Ses mains ne savent pas travailler.

Isabelle

Nous n'allons pas repartir, pour qu'elle empire la situation. Brigitte rattrape le tissu.

Brigitte

Je fais de mon mieux. Je m'affaire, il nous reste peu de temps avant le jour de l'évènement.

Judith

Mais, vous m'abattez, je n'ai plus un moral d'acier.

Brigitte à Judith

Tu me coupes le souffle que je ne peux me retenir de te rétorquer à mon tour que c'est toi qui me fais rire, parce que tu ne sais que faire rire ce qui n'est pas à en rire.

Isabelle à Brigitte

Je tiens à te féliciter pour ce si beau travail que tu as accompli.

Judith à Brigitte

Merci tante, c'est si bon de suivre tes conseils.

Brigitte

Le problème est résolu.

Les jours approchèrent à grands pas.

ACTES VI

Scène I

Isabelle, Louis, Roméo, Judith, Fanie

Ce fut le dernier jour. Judith enfila sa robe, Louis mit son veston, Isabelle la mère une robe en soie et s'entoura d'une Franfreluche.

Isabelle à Louis

J'ai une toux qui me terrasse, mais je ne peux faire autrement, c'est le jour si attendu. Je ceins une écharpe à mon cou.

Louis

Il te la faut absolument. Mais, tu m'as l'air d'être en voie de guérison ! Nous ne devons pas tarder, la cérémonie a lieu dans quelques heures.

Glé (le temple) les attendirent à bras ouvert.
Ils entrèrent dans la demeure sainte.
Au vue de sa grandeur, Glé contenait de nombreux invités qui palabrèrent entre eux.
Dans le temple, il eut une célébration solennelle, Judith et Roméo firent leur déclaration devant le prêtre.

Roméo

Je promets amour et fidélité.

Judith

Je promets sagesse et affection.

Le prêtre à Roméo

Vous pouvez embrasser la mariée.

Ils s'embrassèrent aux regard admiratifs de quelques invités.

Roméo à Judith

Oh ! Que oui.

A la sortie, on lança à Judith et Roméo de pétales de rose, puis le couple s'apprêta pour aller en voiture afin de rejoindre la table d'honneur. Quand Louis voulut rejoindre le couple en voiture, l'épicière le retenu.

Louis

Je ne vous ai pas reconnue. Je n'ai pas suffisamment de temps à vous accorder.

Fanie L'épicière

Faites trois minutes, et vous ne mourrez pas.
J'aime beaucoup l'encolure de votre veston, il s'adapte à votre cou. Vous vous êtes fait rajeunir.
Ce fut un immense plaisir ici.

Louis :

Les forts moments, n'ont pas d'oublis, mais que de radieux souvenirs.

Fanie

En outre, j'ai une autre nouvelle à vous apprendre : Roméo a un fils.

Louis

Et comment le savez-vous ?

Fanie

Des rumeurs qui se répandent. Ici, même. Ne me dites pas que vous vous en battez l'œil.

Louis

Vous troublez mon humeur, et je ne veux pas l'apprendre aujourd'hui, laissez-moi m'en aller. A une fois prochaine, reparlons de cela.

Scène II
La femme, Louis

Louis rejoignit le couple en voiture, ensemble ils allèrent à la table d'honneur.

Quand ils arrivèrent toutes les tables étaient dressées par les nièces (les filles) et les chaises disposées.
La femme, mère de Roméo fut également présente au vin d'honneur.

La femme à Louis

Monsieur, vous me reconnaissez ?

Louis

Bien sûr que oui. Je ne vous ai pas vu à Glé (le temple)

La femme

Je m'étais assise derrière vous, tête haute et fière de l'être pour mon fils. Je vous tends ce cadeau, c'est à donner à votre épouse. Mais, il me l'a été offert.

Louis

Donner une chose à autrui, si elle ne vous l'est pas propre, ce n'est pas ça l'amour.

La femme

Ah bon ! Que connaissez-vous à l'amour ? Vous avez troublé à mon fils, son état d'âme, en lui donnant le mal être.

Louis

Cessez avec ça. Je m'y sentais mal, votre fils ne se bat pas pour l'amour.

Le mensonge n'est pas ma tasse de café. Et je n'aimerais que l'on me le fasse boire, je n'y avalerai pas.
Je pense que votre fils est comblé de bonheur en ce moment et ma fille de même, il a enfin réalisé sa promesse. Buvons plutôt à la santé.

La femme

Si vous le désirez, cher monsieur. Il n'y a pas de quoi refuser cela. C'est la fête. Amusons-nous.

Les vins de liqueur arrosèrent les nappes. Et le silence n'eut pas lieu dans cette salle. Puis, la nuit tomba, les gens se séparèrent pour se retrouver à la soirée.

Scène III
Les filles, Louis, Isabelle, Jean-Luc

Vers vingt heures, la soirée commença.
Les nièces (les filles) apprêtèrent leurs mains, pour réaliser de lourdes tâches. La pièce fut embellie de rideaux harmonieux qui donnèrent leur éclat en pleine soirée.

Elles travaillèrent ardemment, puis elles furent rapidement épuisées, et reposèrent leurs mains.

Judith se vêtit d'une robe étincelante. La robe de Judith comporta un long bustier, qui mit en avant la galbe de ses hanches. Sa silhouette fut dessinée.
Et Roméo se munit d'un costume trois pièces.
Tous pétillèrent comme de l'or.

De nombreux invités vêtirent également des vêtements de fête.

Ce fut une fête arrosée de vin, de bière...
On ordonna de nouveau aux nièces de passer le service.
Mais les nièces étaient à plat, tandis que le service les attendait. Quand elles reprirent leurs tâches et s'activèrent, les assiettées comportaient divers plats : canard laqué, mouton garni,... De nombreux invités goûtèrent à l'appétit de la fête. Ils eurent tant faim, et la fête les rassemblèrent.

Louis à Isabelle

Il fait un vent, un froid, une chaleur de diable, ici. C'est horrible.

Isabelle

Si tu le penses !

Louis aux nièces

Il faut bien s'y prendre. Ah ! les filles !

Les nièces

Ah ! Vous avez l'air d'être né dans une famille de Nobles.

Louis

Naître dans une famille de Nobles, il n'en ai pas le cas pour moi.

Soudain, Jean-Luc, le Journaliste se présenta à la soirée, sans y être invité. Louis l'arrêta.

Louis

Où te permets-tu d'aller ? Je ne te permets pas de continuer à introduire tes pas, tu les a déjà franchis, retourne d'où tu viens. Il m'est égal que tu sois présent. Je te demande de t'en aller. Tu viens simplement pour satisfaire pleinement tes intestins et désaltérer ta soif.

Jean-Luc

Tu me prives à manger ?
Ce n'est pas de quoi devenir fou.
La vie en fait des heureux, des chanceux à la carte.

Louis à Jean-Luc

Que j'aime tant ta comédie !
Dit ce que tu as à dire, je n'ai plus d'oreilles à te tendre. A jamais ! Je ne te permettrai d'y participer.

Jean-Luc

Ne t'ai-je pas apporté de l'aide pour retrouver ta fille ?

Louis

Je t'en suis reconnaissant, et je te remercie pour ta parfaite mobilité.
Mais, l'épicière nous a rendu Judith contre une pièce de monnaie.

Jean-luc

Une pièce jetée à l'eau ?

Louis

Non, Jean-Luc, un don pour une affaire résolue. Désormais, toi et moi faisons chemin à part.

Jean-luc

Une route que tu as tracée ?

Louis

Trace ta route à la règle, comme tu veux, je ne serai plus à tes côtés.
Songe à m'oublier, et je respecte ma règle.
Je tiens ferme à mes décisions et il est difficile de me faire changer d'avis.
Et toute enfant, Judith suivait mes règles. Mais, maintenant, elle a moins de respect. Elle a toujours son point de vue et a un mot à placer.
Mais, je lui remémore tout le temps ce qu'elle doit changer : son attitude, mais elle pense que c'est moi qui dois changer la mienne. Alors, tâche d'obéir.

Jean-Luc

Quoi que bon ! Laissons tomber l'affaire.

Puis, honteux, Jean-Luc se retira de la fête, disparu. Judith exulta.

La fête se termina en temps et en heure. On la qualifia de fête galante. Les invités regagnèrent leur domicile la matinée. La salle de soirée se vida, et il n'eut plus d'invités. Judith essuya ses dernières larmes de joie. Moment inoubliable de la fête !
Judith vit ses prochains jours briller comme un rayon de soleil. Elle se mit en ménage avec Roméo. Ensemble, ils siégèrent sur le même toit.

Scène IV
Louis, Roméo, Judith

Puis, vint quelques jours, où Louis convoqua Roméo, et Judith; Il leur réserva une surprise.
L'arrivée de Roméo troubla le cœur de Louis, il se souvint des plus mauvais moments qu'ils eurent à passer.

Louis

Roméo, tu peux siéger à ma place, je me tiens debout.

Roméo

Vous me tutoyez maintenant ? A quoi cela est dû ?

Louis

C'est depuis que tu t'es lié à ma famille. J'ai des choses à te dire.

Judith assista, mais ne comprit pas l'attitude de son père. Le ton monta.

Louis

Où est ton fils ? Personne n'est au courant de cette affaire.

Roméo resta longuement stupéfait.

Roméo

Chez sa mère.

Judith

Mais, quelle mère ?

Roméo

Mon ex campagne. Judith, je n'ai pas voulu t'offenser. Et, vous père, je m'excuse que vous l'ayez appris tardivement, je ne voulais pas vous froisser.

Louis

Judith, c'est l'homme que tu as choisi. Qu'en dis-tu ?

Judith

Choquée d'entendre cela, tout ceci n'est que désolation. Il me faudra du temps pour me reprendre.

Roméo

Je comprends que cette véracité te cause problème, que cette nouvelle te laisse refroidie, mais il ne faut pas t'en faire Judith, c'est toi que j'aime.

Roméo à Louis

Et vous, monsieur, bien normal, que vous ayez vu toutes ces empreintes, je fus coureur dans le passé. Mais, de fois, vous vous faites trop d'imaginations, depuis longues années, j'ai fait peau neuve.

Louis

Judith, où as-tu mis tes oreilles ? Entend-le.
Qui ne dit pas s'il ne va pas recommencer ?

Judith

Père, quand les gens changent, ils changent.

Louis

Tu peux t'en aller, mais sache que je t'ai à l'œil, et c'est pour la vie, j'espère que Judith tirera profit des jours meilleurs.

Roméo

Père, ma fidélité vous comblera de joie et vous en serez rassasié.

Louis

C'est la meilleure façon de vivre.

Table des matières

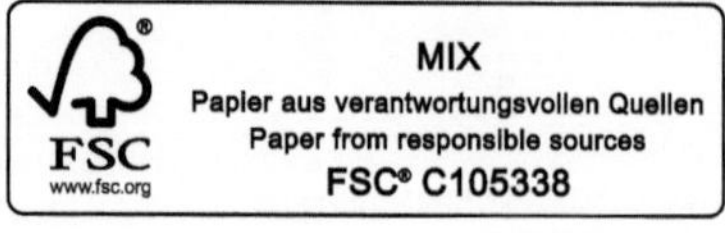

Printed by Books on Demand GmbH, Norderstedt / Germany